La légende de Saint Nicolas

Valérie Weishar-Giuliani • Lili La Baleine

Éditions Lito

En cette fin d'après-midi,

Antoine, Paul et Lise se dépêchent de rentrer de l'école. Aujourd'hui, Maman leur a promis qu'ils pourraient aller ramasser des châtaignes.

– Vite, Lise. Tu traînes !

– Mais mon cartable est trop lourd.

– Laisse-moi t'aider, dit Antoine, l'aîné des garçons.

Heureusement, Lise et Antoine n'ont pas de devoirs ce soir et Paul s'est déjà avancé pendant la récréation.

– Coucou, Maman, nous sommes là !

– Coucou, mes chéris. Tout s'est bien passé à l'école ?

– Oui, oui. Tu es toujours d'accord pour que nous allions ramasser des châtaignes ?

Maman acquiesce d'un signe de tête.

Bien emmitouflés, les enfants prennent chacun une pomme, un morceau de pain et une barre de chocolat : les voilà prêts pour leur balade en forêt.

– Ne vous éloignez pas trop de la maison, mes chéris, recommande Maman. Ne parlez pas aux inconnus. Et surtout, rentrez avant que la nuit ne tombe.

– Ne t'inquiète pas, Maman, la rassure Antoine.

Ce soir-là, les enfants sont si occupés à ramasser les châtaignes qu'ils ne voient pas le soleil se coucher.

Le cri d'un hibou les effraye soudain et ils se rendent enfin compte que le crépuscule est tombé. Il commence aussi à faire froid et les nuages se font menaçants.

– Je veux rentrer, pleurniche Lise.

– J'ai faim, soupire Paul.

– J'ai froid, ajoute Lise.

Antoine fait de son mieux pour être rassurant :

– Je sais, Lise, nous serons bientôt à la maison.

Mais les enfants marchent, longtemps.

La pluie se fait soudain abondante, ils se mettent alors à courir.

Antoine commence à perdre espoir lorsque soudain, il aperçoit une maison éclairée.

– Là, regardez ! Allons voir.

Antoine frappe à la porte, dont l'enseigne affiche : « boucher ».

– Qui est là ? crie une voix rauque derrière la porte.

– Nous sommes trois petits enfants. Boucher, voudrais-tu bien nous loger ?

Lorsque le boucher ouvre la porte, un grand couteau à la main, les enfants ont un mouvement de recul.

– Entrez, entrez, un bon bol de soupe vous fera du bien.

Les enfants n'hésitent pas très longtemps et entrent, soulagés et contents de remplir leur estomac qui crie famine. Confiants, les enfants vident jusqu'à la dernière goutte leur bol de soupe.

BOUCHER

Lise commence à bâiller. Voyant cela, le boucher propose aux petits de les installer dans la chambre d'amis.
– Merci, monsieur, vous êtes vraiment très gentil, dit Lise.
– Mais de rien, petite. Vous êtes si mignons, tous les trois !
Très vite, les enfants s'endorment, serrés les uns contre les autres.
Soudain, à la lueur de la lune, la lame du couteau du boucher étincelle. Sans aucune pitié, il s'approche d'eux.
Il sait qu'un jour prochain, grâce à ces trois enfants, il va pouvoir déguster du bon petit salé.
De leur côté, les parents d'Antoine, Paul et Lise sont très inquiets de ne pas les voir rentrer. Ils les cherchent partout.
Même les voisins et les amis leur viennent en aide.
Mais au bout de quelques jours puis de quelques semaines, ils perdent espoir.

Sept années passent. Rentrant d'un pèlerinage, Saint Nicolas, évêque de Myre, passe par la Lorraine et cherche à se loger. C'est ainsi qu'il frappe à la porte de la maison d'un boucher. Le fameux boucher.

– Boucher, voudrais-tu me loger ?

– Entrez, entrez, grand saint Nicolas. Vous partagerez le dîner avec moi. J'ai préparé un bon rôti, propose le boucher, impressionné qu'un évêque frappe à sa porte.

– Je préfère goûter de ton petit salé ! Celui que tu gardes dans ce saloir depuis sept ans ! dit Saint Nicolas, montrant du doigt un gros baquet.

Le boucher devient alors très pâle. Saint Nicolas s'approche du baquet et pose trois doigts sur le couvercle.

Aussitôt, comme par magie, les trois enfants se lèvent, s'étirent et sortent du tonneau.

– Comme j'ai bien dormi, dit Antoine.

– Moi aussi, ajoute Paul.

– Et moi, je me suis crue au paradis ! dit Lise.

Aussitôt, Saint Nicolas prend avec lui les enfants
et les raccompagne chez leurs parents.
Ces derniers, en les voyant, pleurent de joie tellement
ils sont heureux de les retrouver.
Pour remercier Saint Nicolas, le père lui offre le petit âne gris
qu'il a adopté après la disparition des enfants.
Le grand homme accepte et repart chez le boucher.
Il lui ordonne de le suivre chaque année dans la nuit
du 5 au 6 décembre. C'est ainsi que le boucher devient
le Père Fouettard, celui qui réprimande les enfants
qui n'ont pas été assez obéissants.
Quant à Saint Nicolas, il se charge d'apporter, cette même nuit,
friandises et pain d'épice aux enfants sages,
pour leur plus grand plaisir.